CHAMBRE DE COMMERCE DE NANCY

ÉTUDE ET EXAMEN DE VŒUX

ÉMIS PAR LA

Conférence générale des Tribunaux de Commerce de France

DANS SON ASSEMBLÉE DU 5 JUIN 1905

Avis sur la création des tribunaux de commerce spéciaux d'appel pour les jugements des tribunaux de commerce.

La Conférence n'est pas d'avis de cette création ; mais elle émet le vœu que des dispositions soient prises par les Pouvoirs publics pour hâter la solution des appels commerciaux.

La Chambre de Commerce de Nancy s'est déjà prononcée sur cette question dans le courant de l'année 1904. Elle a été d'avis qu'il n'y a pas lieu de recourir à la création de Cours d'appel commerciales.

Parmi les raisons invoquées figurent les suivantes :

1º Difficultés pour les commerçants d'abandonner leurs affaires pour siéger au chef-lieu dudit siège ;

2º Absence de garanties nouvelles de la part des juges. Ceux-ci auraient la même origine que les juges des tribunaux ; il n'y a pas de raison que leur compétence soit plus grande. La seule réforme à opérer consisterait pour les affaires commerciales dans l'abolition du ministère des avoués. La procédure devrait

être simplifiée devant la cour, le rôle des avoués devant la cour est absolument inutile ; personne n'a demandé leur rétablissement devant les tribunaux de commerce.

Nantissement des fonds de commerce

La Conférence émet le vœu que la loi du 1er mars 1898 sur le nantissement des fonds de commerce soit purement et simplement rapportée et qu'il soit interdit à l'avenir de donner son fonds de commerce en nantissement.

Subsidiairement que la loi soit amendée et que le nantissement des fonds de commerce ne puisse comprendre que la clientèle... mais que les marchandises soient toujours exceptées ; qu'une large et efficace publicité soit donnée aux actes de nantissement et que notamment la publication en soit ordonnée dans les journaux... qu'en cas de survenance de faillite, dans les trois mois qui suivent la publicité de cet acte, les créanciers antérieurs soient admis au même rang que le créancier nanti.

Depuis plusieurs années le tribunal de commerce de la Seine demande l'abolition de la loi du 1er mars 1898 sur les nantissements des fonds de commerce.

Le tribunal de commerce de la Seine paraît être dans le vrai ainsi que la Conférence des tribunaux de commerce.

Les inconvénients que présentent la loi du 1er mars 1898 sont tellement sérieux que son abolition paraît nécessaire.

En réalité les nantissements sur fonds de commerce sont de véritables hypothèques mobilières. Ce qui fait la garantie d'un créancier ayant une hypothèque sur un immeuble, c'est que le bien grevé n'est pas susceptible de changer de valeur dans des proportions considérables.

En est-il de même pour un créancier dont la créance est garantie par un nantissement sur un fonds de commerce ? Nullement. Un fonds de commerce peut du jour au lendemain, à la suite de certaines circonstances, perdre toute sa valeur.

D'un autre côté, le créancier nanti est lui-même primé par le privilège du bailleur. C'est là une cause de surprise et de perte pour beaucoup de créanciers nantis.

Au cas où la loi de 1898 ne serait pas rapportée, la Conférence demande toute une série de modifications. C'est ainsi qu'elle demande que le nantissement porte seulement sur la clientèle, l'achalandage, le droit au bail, les marques de fabrique et les brevets. Elle est d'avis d'en exclure les marchandises et les créances. Elle réclame la publicité dans les journaux ; elle estime que si la faillite survient dans les trois mois de la publicité du nantissement, les créanciers antérieurs doivent être admis au même rang que le créancier nanti.

Plusieurs de ces mesures ne paraissent pas réalisables.

S'il est vrai que la publicité donnée au nantissement par la voie de la presse soit une réforme utile, il n'en est pas de même pour les autres innovations.

Le fonds de commerce est une chose incorporelle ; il se compose de divers éléments, tels que : clientèle, achalandage, droit au bail... Vouloir en exclure les marchandises serait priver le créancier nanti d'un élément qui peut représenter quelquefois une valeur considérable.

D'ailleurs aucun inconvénient ne peut résulter de ce que le nantissement porte sur les marchandises. C'est en effet un supplément de garantie pour le créancier, sans constituer une gêne pour le débiteur, qui continuera à pouvoir vendre ses marchandises comme bon lui semblera, pourvu qu'il les remplace par de nouvelles. Toutes les Cours d'appel se sont prononcées dans ce sens à l'exception de la Cour d'Amiens.

La solution doit être différente en ce qui concerne les créances. Il est manifeste que les créances ne sont pas un élément constitutif du fonds de commerce, elles ne sauraient donc être comprises dans le nantissement.

C'est la décision de la jurisprudence.

Quant à accorder aux créanciers antérieurs, au cas où la faillite surviendrait dans les trois mois de la publicité du nantissement, le droit de venir au même rang que le créancier nanti, c'est une réforme qu'il faut se garder de réaliser.

En voici les raisons : 1° Si cette réforme était effectuée, elle aurait pour conséquence de tromper le créancier nanti parce qu'il n'a, au moment où il se fait concéder le nantissement, aucun moyen de se renseigner exactement sur les dettes de son créditeur ;

2° Elle se trouverait en contradiction avec les effets juridiques attachés au nantissement qui sont de faire préférer le créancier nanti à tous les autres créanciers, à moins que ceux-ci aient un privilège préférable, comme le privilège du bailleur ;

3° Enfin cette réforme favoriserait des créanciers qui sont beaucoup moins dignes d'intérêt que les créanciers nantis parce qu'ils sont en faute de n'avoir pas stipulé du débiteur des garanties suffisantes.

Le créancier nanti ne saurait supporter les conséquences de sa négligence.

Enfin, je vous propose de renouveler le vœu émis par notre Compagnie dans sa séance du 12 mai 1899, tendant à ce qu'une proposition de loi soit déposée en vue de déterminer le mode de radiation des inscriptions. La loi de 1898 étant muette sur ce point, il est impossible au débiteur qui a remboursé, de faire disparaître cette mention du registre spécial tenu au greffe du Tribunal de Commerce de son arrondissement, ce qui lui cause un réel préjudice, en laissant subsister une diminution de solvabilité, qui n'est que le résultat d'une anomalie de la loi. Un commerçant se trouve de cette façon moins bien placé qu'un propriétaire qui, lui lorsqu'il est frappé d'une hypothèque, peut la faire radier après paiement, alors que le commerçant, qui a besoin de son crédit commercial, se le voit en partie supprimé, parce qu'il ne peut faire radier un nantissement.

Tarif des honoraires des syndics en matière de faillite

Il y a lieu de laisser à chaque tribunal ou tout au moins à chaque région le soin d'établir un tarif spécial, avec facilité pour le juge-commissaire d'allouer un supplément d'honoraires en cas de circonstances et de travaux exceptionnels.

Il est désirable que les tribunaux échangent leurs tarifs respectifs.

Ce vœu soulève une première difficulté. Pourquoi accorder aux tribunaux de commerce de chaque région le soin d'établir un tarif spécial pour les syndics? On n'en voit pas la raison.

On ne saurait invoquer la situation qui a été faite aux notaires. Les notaires ont obtenu, il y a quelques années, l'application de tarifs régionaux pour le règlement de leurs honoraires, mais il y a lieu de remarquer qu'il n'est pas possible d'établir une comparaison entre les notaires et les syndics de faillite. Les notaires sont des officiers ministériels qui ne peuvent déroger au tarif légal, sans encourir des peines disciplinaires. Il était donc nécessaire de modifier ce tarif pour l'approprier aux milieux souvent assez différents, dans lesquels les notaires sont appelés à exercer leurs fonctions.

Il n'en est pas de même pour les syndics. Ceux-ci ne sont pas des officiers ministériels. Le tribunal peut leur allouer des honoraires suivant les circonstances et les difficultés qu'ils ont rencontrées.

Le vœu formulé par la Conférence soulève une seconde difficulté. La surveillance que la loi donne au juge-commissaire sur les syndics est, la plupart du temps, insuffisante.

Les juges-commissaires n'ont pas toujours le temps nécessaire pour suivre d'une façon efficace les opérations du syndic, souvent aussi ils n'ont pas les connaissances juridiques voulues. Ils se trouvent ainsi à la discrétion des syndics.

Il n'est pas rare de voir des actions judiciaires intentées par les intéressés contre les syndics, entraînant une responsabilité tout au moins morale du juge-commissaire.

Ces motifs font qu'il y aurait de graves inconvénients à laisser au juge-commissaire la faculté d'allouer un supplément d'honoraires aux syndics. Cette mission doit être réservée aux tribunaux.

Endossement en blanc

La Conférence, estimant qu'il est de règle dans un contrat de rechercher la commune intention des parties, qu'il résulte d'une pratique constante que la simple signature au dos d'un effet en transfère la propriété, a été d'avis que l'endossement même en blanc doit être translatif de propriété, sauf preuve du contraire.

La Conférence estime que, dans la pratique, la simple signature au dos d'un effet en transfère la propriété. Elle part de ce principe pour demander que l'endossement en blanc soit translatif.

Le point de départ tel qu'il est formulé constitue une erreur juridique. L'endossement d'après notre Code de commerce n'est translatif de propriété qu'autant qu'il contient la date, la valeur fournie, le nom de celui à l'ordre duquel il est passé et la signature de l'endosseur (art. 137 du Code de Commerce). Il en résulte que l'endossement en blanc n'est pas translatif parce qu'il ne contient pas les mentions exigées par l'article 137. Cet endossement constitue seulement une pierre d'attente qui permet au porteur d'une lettre de change d'en transférer la propriété au moyen d'un endossement régulier, soit en inscrivant au-dessus de la signature de son endosseur les mentions de l'article 137, soit en inscrivant les mentions au-dessous de la signature de son endosseur et au-dessus de la sienne propre. Tant que ces formalités n'auront pas été remplies, la lettre constituera une espèce de titre au porteur.

Les législations allemande, suisse, roumaine, portugaise, anglaise et italienne n'exigent pas les énonciations de la loi française; elles ne font aucune distinction entre les endossements réguliers et les endossements irréguliers. La simple signature de l'endosseur suffit pour qu'il y ait transmission de propriété. Il serait à désirer que ces dispositions passent dans notre droit commercial.

Tant qu'elles n'y figureront pas, il sera bien difficile d'admettre que l'endossement en blanc suffit pour transmettre la propriété. Il serait impossible, en effet, de concilier cette disposition avec le maintien des formalités exigées par l'article 137 pour les endossements.

Cette réforme ne se comprendrait qu'autant que la loi française reconnaîtrait, comme la plupart des législations étrangères, que la simple signature suffit pour que l'endossement soit translatif de propriété.

Forclusion résultant pour les créanciers retardataires de la clôture des procès-verbaux d'affirmation.

La Conférence a été d'avis qu'il peut y avoir intérêt à porter à la connaissance de tous les créanciers les demandes d'admission qui se produisent tardivement, de manière à provoquer leurs contredits, et même si le juge-commissaire estime qu'il y a lieu de le faire en raison de l'importance des demandes d'admission tardives, de convoquer une assemblée supplémentaire. Mais elle estime qu'il n'y a pas lieu de procéder à cet égard par voie de disposition législative et que toute liberté doit être laissée aux tribunaux pour agir comme ils le croiront préférable.

Les articles 502 et 503 du Code de commerce prononcent la déchéance contre les créanciers qui n'ont pas produit à la faillite dans les délais légaux.

Les créanciers retardataires ne peuvent plus que former opposition à la répartition à faire des deniers (Cassation, 12 novembre 1895). Cette opposition ne suspend pas les répartitions ordonnancées par le juge. Les tribunaux de commerce décident alors si l'opposant doit être admis aux répartitions.

Tel est le système actuellement suivi. Il est certain qu'il présente des inconvénients. Il prive les créanciers admis du droit qu'ils ont de contester les créances produites tardivement devant le tribunal, ce qui est contraire aux dispositions de l'article 494 du Code de commerce, qui veut que tout créancier vérifié et porté au bilan puisse assister à la vérification des créances et fournir des contredits aux vérifications faites et à faire.

La réforme proposée comblerait cette lacune de notre législation, mais il ne semble pas possible qu'elle puisse se produire autrement que par voie législative. L'article 494 du Code de commerce est formel; il veut que les créanciers d'un failli puissent contester les créances produites dans les délais.

Si on veut étendre ce droit au cas de production tardive, il faut de toute nécessité modifier les dispositions de cet article. Or, pareille modification ne peut résulter que d'une loi votée par le Parlement.

Des privilèges en matière de faillite et de leur concours

La Conférence émet le vœu : qu'il soit fait une revision complète et un nouveau classement des privilèges en matière de faillite. Elle émet le vœu dans le sens de la réduction d'un grand nombre de ces privilèges.

D'après la loi du 12 février 1872, lorsque le bail est résilié, le bailleur a un privilège pour les deux dernières années qui ont précédé le jugement déclaratif de faillite, pour l'année courante et pour les dommages-intérêts qui pourraient être alloués par les tribunaux.

Tout le monde est d'accord pour reconnaître que les droits accordés au bailleur sont excessifs et qu'il est nécessaire de leur faire subir une plus grande limitation. MM. Lyon-Caen et Tholler, dans leurs ouvrages de droit commercial, sont d'avis que ce privilège ne devrait pas garantir les loyers futurs ni les dommages-intérêts, c'est ce qu'a fait la loi allemande du 9 mai 1894.

Il faudrait donc modifier tant l'article 2102, paragraphe 1, du Code civil, que l'article 550 du Code de commerce.

De l'abréviation des délais de distance

La Conférence a adopté une proposition tendant au maintien des règles actuelles relatives aux délais de distance, avec cette différence que le délai supplémentaire en résultant ne pourra dépasser dix jours pour toute l'étendue de la France continentale. D'une manière générale, elle souhaite que les délais pour les colonies et l'étranger soient mis en harmonie avec les facilités de transport actuelles.

Cette question a fait l'objet d'une étude approfondie de la Chambre de commerce de Nancy, qui dans sa séance du 2 février 1904, a émis un avis favorable à l'abréviation des délais de distance.

De la réduction des frais de signification des exploits d'ajournement et autres actes du ministère des huissiers.

La Conférence a émis le vœu que les frais de transport d'huissier ne puissent jamais dépasser ceux que pourrait demander l'huissier du canton pour faire le même acte. Elle s'est opposée au principe de la substitution de l'administration des postes aux huissiers.

Il semble qu'il y aurait tout avantage à donner d'une manière exclusive à l'huissier de chaque canton compétence pour les significations à faire dans son canton.

La réforme sollicitée par la Conférence est insuffisante.

Si elle avait lieu dans les conditions où elle est demandée, un huissier du chef-lieu judiciaire pourrait être obligé de faire un long parcours et, comme il n'aurait pas droit à une indemnité supérieure à celle de l'huissier du canton, il en résulterait qu'il ne pourrait pas rentrer dans les frais qu'il a été obligé de faire.

On ne voit pas, d'ailleurs, les raisons qui peuvent empêcher l'administration des postes de se charger des significations. Ce système est pratiqué pour un certain nombre de convocations, notamment en justice de paix et en simple police, et il a donné d'excellents résultats.

De ce que les huissiers achètent leur charge, on ne saurait y voir une raison suffisante pour les favoriser au détriment des justiciables.

Notre Compagnie a dans sa dernière séance émis un avis favorable au principe de la signification de certains actes de procédure par la poste, en demandant l'application de la signification par lettre recommandée de la procédure en matière de saisie-arrêt des petits salaires.

De la publicité à donner à la vente des fonds de commerce

La Conférence, estimant que la publicité de la vente des fonds de commerce est d'une importance capitale, émet le vœu que le projet de loi soumis au Parlement aboutisse promptement.

Subsidiairement, et en attendant qu'une loi soit votée, la Conférence recommande aux présidents des tribunaux adhérents de s'entendre avec les présidents des Chambres des notaires pour donner aux ventes une publicité suffisante.

La vente des fonds de commerce n'est assujettie à aucune mesure de publicité. En Allemagne, les cessions de fonds de commerce doivent être inscrites sur le registre de commerce tenu au greffe du tribunal. L'acheteur y mentionne sa firme. C'est également sur ce registre qu'on porte le nom du préposé (procurist) à qui sera délégué la signature de la maison. On procède à une radiation sur le registre le jour de la fermeture de l'établissement. Aucune publicité n'a été organisée en France.

Une proposition de loi a été faite au Sénat en 1885, portant que les ventes des fonds de commerce devraient être publiées à l'avenir dans un journal du ressort du Tribunal de commerce ; mais il n'y a pas été donné suite.

Un usage s'était établi dans les grandes villes de France, notamment à Paris. La vente, pour produire effet à l'égard des créanciers, devait avoir été insérée dans un journal d'annonces.

L'acheteur devait attendre un délai de dix jours avant de régler son prix. Ce délai était donné aux créanciers pour faire opposition au paiement du prix entre les mains du vendeur.

Les dix jours expirés, si aucune opposition ne s'était produite, l'acheteur pouvait en toute sécurité payer le vendeur.

On s'est demandé si cet usage est obligatoire ; on décide généralement qu'il ne saurait lier l'acheteur, parce qu'il ne figure pas dans la loi.

C'est donc avec raison que la Conférence demande que le projet de loi soumis en 1885 au Parlement aboutisse promptement.

En attendant que cette proposition soit votée, la Conférence est d'avis que les présidents des Tribunaux de commerce s'entendent avec les Chambres des notaires pour assurer une publicité suffisante à la vente des fonds de commerce.

Ce second vœu paraît être purement platonique.

Les mesures qui sortiraient de cette entente au cas où elle viendrait à se réaliser ne seraient susceptibles d'aucune sanction légale. Les décisions des tribunaux seraient réformées par les Cours d'appel, qui sont liées par les dispositions générales de notre droit français.

Tout ce que l'on peut faire, c'est de solliciter des pouvoirs publics le vote rapide du projet soumis au Parlement.

Obligation pour les huissiers d'aviser du protêt des billets à ordre ou lettre de change le premier endosseur ou le tireur.

La Conférence émet le vœu que les huissiers aussitôt qu'ils auront fait le protêt d'un billet à ordre ou d'une lettre de change, soient obligés d'en aviser par lettre le premier endosseur ou le tireur. Cette lettre devrait être recommandée. Elle devrait être envoyée dans les vingt-quatre heures de l'enregistrement du protêt.

L'huissier toucherait une rémunération de 0 fr. 75.

La mesure de sa responsabilité en cas d'inexécution serait celle du préjudice causé.

Cette question a fait l'objet d'une étude spéciale, le 27 novembre 1896, de la part de la Chambre de Commerce de Nancy, qui a émis le vœu que : « L'huissier appelé à dresser un protêt soit tenu d'avertir le tireur dans le délai de 24 heures, avec l'autorisation d'ajouter 0 fr. 25 aux frais habituels ».

Obligation pour tout commerçant d'indiquer son véritable nom dans les manifestations extérieures de sa vie commerciale et d'en faire la déclaration préalable avant de commencer le commerce.

La Conférence est d'avis que le nom du commerçant soit seul employé dans les manifestations extérieures de sa vie commerciale ; elle n'est pas d'avis qu'il soit créé des registres de commerce au greffe du tribunal.

Ce vœu peut être critiqué à deux points de vue : en premier lieu, la mesure proposée est incomplète parce qu'elle ne contient aucune sanction pour le cas où le commerçant refuserait d'y satisfaire. En second lieu, elle offre l'inconvénient d'être formulée dans des termes trop vagues. Que faut-il entendre, en effet, par ces mots « manifestations extérieures de la vie commerciale » ? Sont-ce tous les actes quelconques d'un commerçant ? Pourquoi alors ne pas l'obliger à se servir dans toutes les circonstances de son nom commercial ?

D'après la Conférence, le commerçant, avant de commencer ses opérations commerciales, serait tenu de faire une déclaration indiquant son véritable nom commercial.

Mais où fera-t-il cette déclaration ? Il ne pourrait la faire qu'au greffe. Or la Conférence repousse la création de registres tenus au greffe à cet effet. Il y a là une contradiction manifeste.

En réalité, la firme est le seul moyen pratique d'assurer le maintien et l'efficacité du nom commercial. Si son introduction présente quelques inconvénients, les avantages qu'elle peut procurer sont tellement considérables, qu'il semble que le commerce français ait tout intérêt à la voir s'établir comme en Allemagne.

Il y a lieu de rappeler que la Chambre de Commerce de Nancy a, dans sa séance du 4 octobre 1901, émis un vœu tendant à l'adoption en France des « firmes commerciales ».

De la responsabilité des Compagnies de chemin de fer en matière de transport de personnes.

La Conférence est d'avis que, d'après les principes généraux du droit, le voiturier est responsable de la sécurité des personnes qu'il transporte en exécution de son contrat de transport, et qu'il ne peut être exonéré de cette responsabilité que s'il prouve la force majeure ou la faute du voyageur.

Le contrat de transport engage la responsabilité des Compagnies pour les trois causes suivantes :

1° Perte complète ou partielle des marchandises ;

2° Avaries ou détériorations matérielles du colis ;

3° Retard dans la livraison.

Lorsqu'un de ces trois faits vient à se produire, une action en dommages-intérêts est donnée contre le voiturier.

Cette action relève de la *responsabilité contractuelle*, telle que l'exposent les articles 1147 et 1151 du Code civil, et non de la *responsabilité délictuelle*, qui a son siège dans l'article 1382 du Code civil.

La conséquence de ces principes, c'est que, pour obtenir réparation du préjudice, il n'est pas nécessaire d'établir que le voiturier est en faute. C'est au voiturier à démontrer qu'il n'a pas encouru de responsabilité, parce qu'il y a eu cas fortuit ou force majeure. Tant qu'il n'établit pas ce fait exonérateur, il est présumé en faute.

Ces principes ne sont pas ceux qui régissent les transports des voyageurs. D'après la jurisprudence, la présomption de l'article 1704 du Code civil et 103 du Code de commerce est étrangère au cas où c'est une personne qui forme l'objet du transport.

Cette présomption ne règle pas, notamment, un accident qui surviendrait à une personne (Cassation 10 novembre 1884).

Pour le transport des voyageurs, l'action en dommages-intérêts résulte non plus d'*un contrat*, mais des principes de la responsabilité fixés par l'article 1382 du Code civil. Le demandeur doit prouver l'existence d'une faute imputable à la Compagnie.

Le point de départ de cette jurisprudence est inexact. Il paraît incontestable que la responsabilité du voiturier a sa source dans une convention et non dans un délit. Le voiturier s'est, en effet, engagé à transporter les voyageurs sains et saufs à destination et dans un délai déterminé. Il semble cependant qu'il serait imprudent d'introduire dans la loi des formules de rigueur. Il faut reconnaître, en effet, qu'à un certain point de vue, la jurisprudence a raison d'écarter la présomption de faute du voiturier, quand il s'agit du transport des personnes.

Sur le colis, qui est une matière passive, le transporteur exerce une maîtrise ; s'il périt, c'est par suite du défaut de garde ou de manutention défectueuse. Le voyageur, au contraire, est un être responsable ; il a pu contrarier la vigilance du voiturier par son imprudence ou par sa volonté. Dans le doute, il n'y a pas lieu de réputer en faute l'un plutôt que l'autre.

Il paraît équitable d'obliger le voyageur à rapporter un fait précis de responsabilité, s'il ne veut pas être débouté.

En résumé, le problème ne saurait être résolu au moyen d'une formule de rigueur ; les circonstances de l'accident seront déterminantes pour les tribunaux, qui auront la plus grande latitude.

Modification de l'article 1006 du Code de procédure civile, relatif à la clause compromissoire.

La Conférence est d'avis que la clause compromissoire, qui n'est autre chose qu'une promesse de compromettre et non le compromis prévu par l'art. 1006 du Code de procédure, peut être légalement insérée dans une convention et qu'il est utile pour qu'elle soit efficace d'y ajouter une clause pénale.

L'article 1006 du Code de procédure exige deux conditions pour la validité du compromis. Il faut que le compromis indique l'objet de l'arbitrage et non le nom des arbitres. Or la clause compromissoire ne permet pas de remplir ces conditions. Elle ne précise d'avance, ni la chose qui fera l'objet de l'arbitrage, ni le compromis des arbitres qui seront chargés d'y procéder.

C'est pour cette raison qu'elle est frappée de nullité (Cassation, 7 mars 1888; Cassation, 26 juillet 1893).

L'adjonction d'une clause pénale ne saurait, comme le demande la Conférence, lui assurer une validité. La clause pénale est, en effet, un contrat accessoire qui doit suivre le sort du contrat principal auquel il est attaché ; si le contrat principal est nul, la clause pénale doit être nulle. Tels sont les vrais principes.

Il ne pourrait en être autrement que s'il était possible de considérer la clause pénale, non plus comme un contrat accessoire, mais comme un contrat distinct, indépendant, qui serait fait sous la condition suspensive qu'un autre contrat précédemment formé ne serait pas exécuté. Mais outre qu'une pareille interprétation serait fort délicate pour les tribunaux, elle ne pourrait pas avoir pour effet, si elle était possible, d'assurer l'exécution d'un contrat frappé d'une nullité d'ordre public, comme l'est la clause compromissoire.

En résumé, il n'y a aucune nécessité de modifier la législation actuelle.

De la cession des actions d'apport

La Conférence approuve la législation qui interdit pendant deux ans la cession des actions d'apport sous forme commerciale, à la condition que la cession sous forme civile continue à pouvoir être faite.

Elle est d'avis que cette interprétation soit étendue aux parts de fondateurs.

Les actions d'apport sont émises en représentation d'apports en nature préalablement vérifiés et approuvés. Ces actions ne peuvent être détachées de la souche et ne sont négociables que deux ans après la constitution de la Société.

La raison en est que les fondateurs sont souvent pressés de liquider le profit résultant de la mise en action de leur entreprise et d'exploiter l'engouement du public dans les premiers temps.

Mais les actions d'apport peuvent être cédées conformément aux principes du droit civil. Il ne paraît pas y avoir lieu de modifier la législation actuelle sur ce point ; elle n'a fait l'objet d'aucune critique sérieuse. Tout le monde est d'accord pour reconnaître la sagesse de ses prescriptions.

Les parts de fondateurs sont des parts constatées par certificats négociables et donnant au porteur une quote-part des bénéfices annuels, sans leur permettre l'accès des assemblées générales et sans donner droit dans le capital social.

Les parts de fondateurs sont donc des créances contre la Société donnant droit à une part annuelle des bénéfices. Ces titres sont négociables dans la constitution de la Société.

La défense de négocier dans les deux premières années n'existe pas pour eux. Ce régime de liberté extrême n'est pas sans causer des abus. Souvent ces parts représentent des services fictifs. Elles grèvent indéfiniment la Société ; elles ne peuvent pas s'éteindre. La quotité des bénéfices qui leur est allouée n'est également l'objet d'aucune restriction.

Une réglementation serait désirable.

Un projet de loi de 1903 permet aux porteurs de parts de fondateurs de s'organiser en société comme les obligataires, pour défendre leurs intérêts communs.

Ce projet, s'il aboutit, aura pour conséquence de rendre les porteurs de parts encore plus forts que par le passé.

Notre législation devrait être modifiée. Les parts de fondateurs ne devraient pouvoir être attribuées qu'à des personnes qui se seraient engagées à procurer des fonds à la Société.

Celle-ci leur promettrait en retour un dividende contre promesse de remboursement. Ce serait une évolution dans le régime des obligations.

Entendre autrement la part de fondateur met l'épargne en coupe et multiplie la plupart du temps les parasites.

Quant au remède proposé par la Conférence, il consisterait à n'autoriser les négociations de ces parts qu'au bout de deux ans ; il est insuffisant. Il laisse subsister le mal dans toute son étendue.

Interprétation de l'article 105 du Code de commerce

La Conférence est d'avis que l'article 105 n'est pas applicable lorsque les réserves ont été acceptées par le voiturier.

Elle est d'avis que les jugements constatant cette acceptation soient soigneusement motivés.

D'après l'article 105 du Code de commerce, le destinataire, pour pouvoir se prévaloir de la responsabilité du voiturier en matière d'avarie, doit lui signifier dans les trois jours de la réception, par acte extra-judiciaire ou par lettre recommandée, une protestation motivée. A côté de ces prescriptions de la loi, la jurisprudence a établi une théorie, c'est la théorie dite des réserves.

La jurisprudence décide que les dispositions impératives de l'article 105 cessent d'être applicables, si le destinataire a fait, au moment de la livraison, des réserves qui ont été acceptées par le transporteur (Cassation, 22 janvier 1902),

Ces réserves peuvent résulter d'une reconnaissance de différence de poids par la Compagnie, laquelle a été consignée sur le récépissé à destination ou encore de la constatation de l'avarie par le destinataire sur la feuille d'émargement.

Les réserves impliquent de la part du transporteur renonciation régulière à la fin de non-recevoir.

Cette jurisprudence, qui paraît aujourd'hui bien nettement établie, fait que le vœu émis par la Conférence se trouve sans objet, à moins qu'on ne veuille inscrire cette solution dans le texte de la loi, ce qui aurait pour conséquence d'amener le législateur à modifier l'article 105 du Code de commerce.

Les articles 446 à 449 du Code de commerce sont-ils applicables à la liquidation judiciaire ? Si oui, dans quelle mesure ?

La Conférence estime que les articles 446 à 449 du Code de commerce sont applicables à la liquidation judiciaire comme à la faillite et que la cessation des paiements produit d'elle-même et dans tous les cas des effets juridiques, ce qui permet d'annuler certains actes du débiteur, sans qu'il soit nécessaire d'établir leur qualité frauduleuse.

Cette question, sur laquelle la Conférence croit devoir attirer l'attention des Pouvoirs publics, n'est plus aujourd'hui contestée. La jurisprudence admet que le jugement de liquidation judiciaire produit dans le passé les mêmes effets que le jugement déclaratif de faillite. Ces effets consistent dans les nullités qui frappent les actes faits dans l'intervalle qui s'est écoulé entre la date de la cessation des paiements ou les dix jours précédents et la date du jugement.

Quelques auteurs ont bien essayé de soutenir que la liquidation judiciaire ne comportait pas, à la différence de la faillite, de période suspecte. Mais cette théorie n'a pas été suivie. La doctrine et la jurisprudence décident que les articles 446 à 449 s'appliquent à la liquidation judiciaire (Cassation, 31 octobre 1898 ; Cassation, 13 janvier 1902 ; Cassation, 16 novembre 1902 ; Cassation, 3 novembre 1903).

De l'interprétation de l'article 1657 du Code civil en matière commerciale

La Conférence est d'avis que l'article 1657 est applicable en matière commerciale.

Elle émet le vœu que cet article soit modifié par l'introduction de l'obligation de la mise en demeure.

Lorsqu'il s'agit de ventes mobilières, le Code civil accorde au vendeur, dans l'article 1657, une protection spéciale ; il déclare que le vente est résolue de plein droit sans sommation, pour défaut de retirement de la chose par l'acheteur dans le terme convenu. Une jurisprudence constante admet que l'article 1647 s'applique aux ventes commerciales.

Le vœu émis sur ce point, ou mieux l'avis que formule la Conférence sur ce point, paraît donc inutile.

Mais en est-il de même pour le vœu que la Conférence émet de voir introduire dans l'article 1647 la nécessité d'une mise en demeure de l'acheteur ?

Si on se reporte aux raisons qui ont fait adopter les dispositions de cet article 1657 en matière commerciale, c'est qu'on a voulu favoriser la rapidité des affaires commerciales. Or ces avantages seraient en partie perdus s'il fallait recourir à une mise en demeure. Ce serait un temps plus ou moins long pendant lequel le vendeur ne pourrait pas disposer de sa chose.

Il ne faudrait pas croire que l'article 1657 sacrifie les droits de l'acheteur. Avant d'accepter un terme pour la livraison, il devait s'assurer s'il serait en mesure au moment fixé pour la livraison. S'il n'opère pas le retirement à l'époque fixée, c'est qu'il ne peut pas ou ne veut pas exécuter la vente.

Une sommation ne modifiera pas sa situation.

Si on modifiait l'article comme le demande la Conférence, les intérêts du vendeur ne seraient plus suffisamment protégés.

Le Rapporteur,

E. BERTRAND,

Membre-Trésorier de la Chambre de Commerce de Nancy

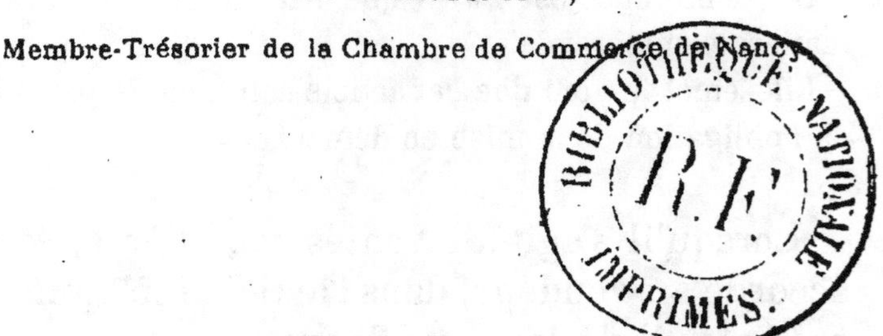

www.ingramcontent.com/pod-product-compliance
Lightning Source LLC
LaVergne TN
LVHW010128060726
842524LV00005B/1808